U0615250

當代中華詩詞名家精品集

中华诗词研究院 编

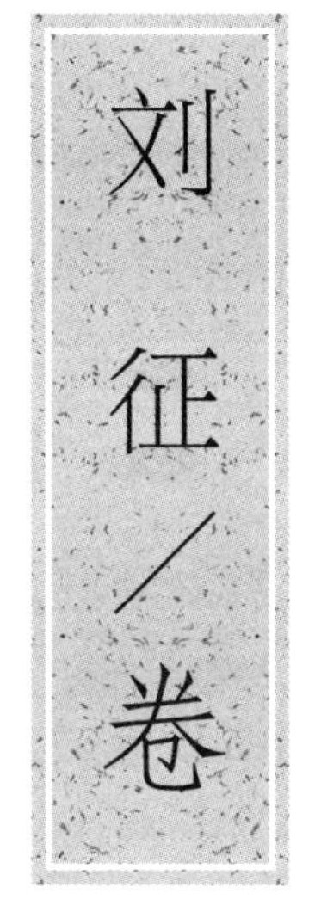

中国青年出版社

图书在版编目（CIP）数据

当代中华诗词名家精品集·刘征卷／刘征著.
中华诗词研究院编——北京：
中国青年出版社，2014.7
ISBN 978—7—5153—2588—0
Ⅰ.①当… Ⅱ.①刘…②中… Ⅲ.
①诗词－作品集—中国—当代 Ⅳ.①I227
中国版本图书馆CIP数据核字(2014)第172170号

责任编辑：彭明榜
丛书题签：霍松林
书籍设计：孙初＋林业

中国青年出版社出版发行
社址：北京东四12条21号
邮政编码：100708
网址：www.cyp.com.cn
编辑部电话：(010) 57350506
门市部电话：（010）57350370
北京科信印刷有限公司印刷　　新华书店经销

700mm×1000mm　1/16　7印张　60千字
2015年1月北京第1版　2015年1月北京第1次印刷
定价：20.00元

《当代中华诗词名家精品集》出版说明

为弘扬中华诗词文化，促进当代中华诗词优秀作品的传播和交流，值此中华诗词研究院成立三周年之际，特编辑、出版《当代中华诗词名家精品集》丛书，以期为广大读者提供优秀的当代诗词读本。

《当代中华诗词名家精品集》的作者为中华诗词研究院顾问，他们是当代诗词名家、大家。每卷收录作者自选代表性作品一百首以内，注重艺术性、当代性，且能反映诗人的艺术风格和创作面貌。经过近一年的约稿、审订、编校等紧张工作，《当代中华诗词名家精品集》（第一辑）共出版十卷，收入饶宗颐、霍松林、叶嘉莹、刘征、程毅中、梁东、周笃文、杨天石、白少帆、赵仁珪十家。

我们期冀通过《当代中华诗词名家精品集》的出版，为读者提供一份精美的精神食粮，发挥诗词名家对当代诗词创作与研究的引领作用，展现中华诗词的当代魅力。

中华诗词研究院

二零一四年七月

目录

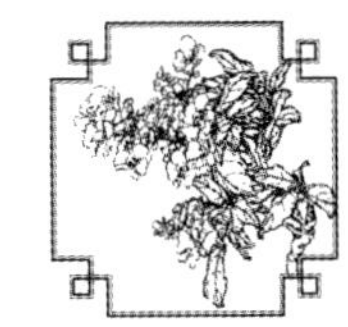

水龙吟　参加庆祝粉碎“四人帮”游行

秋空万里晴蓝，鸽群雪翼迎风展。红颜白发，裙衫飞舞，彩旗飘卷。锣鼓喧天，欢歌动地，眉舒心暖。看家家归去，开樽煮蟹，拚一醉，不须劝。

豺狼曾掩人面。肆横行、塞天积怨。枯槐聚蚁，雷霆振迅，黄粱梦断。钳口奔川，冰肠沸火，昂扬亿万。待从头，收拾山河，普天下，同心愿。

一九七六年十月①

①凡在北京写的，都不注明处所，下同。

临江仙　北海公园重新开放，园中散步

十年不见湖光好，重来恰是新晴。旧时杨柳笑相迎。经寒枝更健，破雪叶还青。

歌喉久似冰泉涩，今如春鸟声声。我心应胜柳多情。满湖都是酒，不够醉春风。

一九七八年三月

蜂儿闹　咏蜂

晓行深山中，林花盛开，万蜂嗡嘤，汇为乐曲，为词赞之。词牌是我杜撰的。

入山十里林荫道，无数蜂儿闹。淡洒晨曦，轻摇风露，唤醒花魂笑。

辛勤最是君行早，为酿生活好。万口杭唷，声超丝竹，哑了千山鸟。

一九七八年六月，香山。

望海潮　访双清别墅

毛泽东同志于一九四九年春夏间曾在此居住。

云松倚户，山花铺径，春光烂漫双清。浅水鱼翔，高枝鸟啭，低徊无限深情。万橹忆南征。恰从容挥手，石破天惊。顾盼山河，毫端滚滚大江声。

飞来燕子须轻。嘱微风扫砌，悄悄经行。应是操劳，适才暂睡，晓窗乍熄明灯。九亿奋攀登。有捷书万叠，竞献纷呈。快扫藤床待坐，一览众山青。

一九七八年六月，香山。

念奴娇　过华山漫想

娲皇当日，向人间遗落，几多灵石？化作芙蓉青玉色，削出蓓蕾千尺。万劫升沉，百王争战，不减亭亭直。问花开否？花曰自有开日。

而今雪霁冰融，风柔土沃，到了开时节，为洒银河天外雨，为照团圞明月。为闪虹霓，为鸣霹雳，花瓣轰然裂。冲天香阵，大寰齐舞蜂蝶。

一九七九年三月，赴兰州途中。

卜算子（二首）

大 雾

开户不见山，疑是山飞去。犹剩遥天一抹青，转眼觅无处。

倒屣欲寻山，细想宜留步。应是山飞我也飞，身在山中住。

云海

俯看海漫漫，仰看天澹澹。倒转时光一万年，海在西山畔。

日影乍沉浮，楼阁成虚幻。远处苍茫看我山，也道蓬莱见。

一九七九年三月，香山。

小饮来今雨轩，赠阿龄

暂抛世事千端虑，来访名园三月春。
褪柳辰光参冷暖，酿花天气半晴阴。
初莺尚涩枝头语，浅草微留梦里痕。
三十年来甘苦共，明轩小盏对知音。

一九七九年四月

水龙吟　登安澜亭

亭在灌县离堆伏龙观内，可俯瞰都江堰全景。

那时金铁初融，壮图已压岷江浪。万人箕畚，猿猱辟易，蛟龙惊让。堰垒飞沙，江分鱼嘴①，灌渠如网。看离堆缺处，纵横斧迹，恍如听，崩崖响。

小伫危亭望远，尽青青半空烟嶂。江山如画，古今弹指，悠然遐想：使李冰公，握核动力，肯拘一盏！听千河潮起，飞涛漱雪，作惊天唱。

一九七九年十一月，成都。

①飞沙堰、鲤鱼嘴是都江堰的两个地名。

吴山青　峡中即景

云迷蒙，浪迷蒙，浪蹴云山十二重。连滩乱石丛。
歌从容，笑从容，摇橹横江渡短篷。飘飘衫子红。

一九七九年十二月，三峡途中。

三峡放歌（八首）

早发朝天门

一声长笛别山城，回望楼台叠黑屏。
月堕沧波沉半壁，船联灯火织飞星。

宿万县

万县滩头夜色清，深舱月悄听江声。
依稀梦共江神语，赠我江花一握青。

晓出夔门

山蹲虎豹行扑面，江涌蛟龙欲入舟。
仰望天光存一线，瞿塘峡上月如钩。

峡中即景

谁似多情造物心？于千仞上植灵根。
好花自在迎人笑，一树金黄幔白云。

叩舷漫想（一）

鲧禹导江存史话[①]，蚕鱼开国但传闻。
举杯默向遥天祝，第一操舟下峡人。

叩舷漫想（二）

先民自有凌云概，压倒川江万古波。
但看森森崖壁上，古来篙眼似蜂窝。

叩舷漫想（三）

滟滪堆平险化夷，鬼门关破鬼歔欷。
人间有路从无路，此意滔滔江水知。

叩舷漫想（四）

千寻筑坝平湖现，万里游船水翼驰。
畅想他年成四化，尽磨石壁写新诗。

一九七九年十二月，三峡途中。

①有的古书上说，鲧对于治水也起了很大作用，所以鲧、禹并提。蚕丝、鱼凫相传是古代巴蜀开国的君主。

琵琶仙　海上大风雨

巨浪吞云，望一气迷蒙，浑浑如墨。电火闪处惊看，海天骇相搏。惊涛欲撞天飞去，天以狂风来截。两败轰然，龙宫颓坏，娲石崩裂。

忽此际，飘堕诗神，雾掩肌肤皓如雪。对坐青鲸背上，饮千杯芳洌。诧无数鱼龙奔啸，却奄忽欲寻无迹。回首断虹千丈，有大星明灭。

一九八〇年八月，北戴河。

临江仙　访娄山关

徘徊于毛泽东同志《忆秦娥》词碑之下。时间已过了半个世纪，但红军的革命精神应是永远年轻的。

太古双尖[①]应是海，怒涛凝作苍山。山头乔木记当年。残阳明赤帜，飞马度雄关。

不复悬肠一径险，而今大道夷宽。西风仍解送征鞍。松声来骤雨，雁阵叫长天。

一九八一年九月，贵阳。

①娄山关附近有大尖山、小尖山。

水调歌头　望九华山云海

云与山相戏，百变幻山容。重重蔽天青嶂，转眼觅无踪。忽作茫茫大海，但见涛头百怪，踊跃竞腾空。忽作千崖雪，琢玉白玲珑。

忽奔狮，忽走象，忽游龙。忽作注坡万马，散乱抖长鬃。忽作往来天女，含笑低眉下望，飘卷袖如虹。转眼云消散，万壑响松风。

一九八二年八月，九华山。

过山顶人家

叠石盘山一径斜，白云深处两三家。
过墙竹接清泉水，障户棚悬绿蔓瓜。
指路樵童披径草，轻歌浣女隔篱花。
门前黄犬不相戒，相送依依过翠崖。

一九八二年八月，九华山。

秋波媚　想霄霄

灯前独坐想霄霄[①]，一朵小花娇。向人憨笑，扑怀索抱，小手轻招。

明年应已过膝高，留下怎能饶？海滨随我，披沙拾贝，赤脚追潮。

一九八二年十月，烟台。

①我的小孙女，才八个月。

鹧鸪天　寄阿龄

记否乘桴我与君，冲涛一叶百鲸吞[①]。避风龙口愁红烛，消夏烟台脍锦鳞。

怀往事，怅烟云，半生甘苦海同深。青天纵老当年月，更爱姮娥鬓似银。

一九八二年十二月，烟台。

①一九五三年同游烟台，自天津取海道，中途遇暴风。

小重山 咏雀

晓起步景山，丛竹中有麻雀欢闹，戏作。

一痕弦月褪光时，萧萧风动竹，雀溜枝。相亲相近舞参差，无人处，真态自娇痴。

雀言竹外有人知，那边偷眼看，捋疏髭。快将丛叶障身姿，捉得去，一准入新诗。

一九八二年十一月

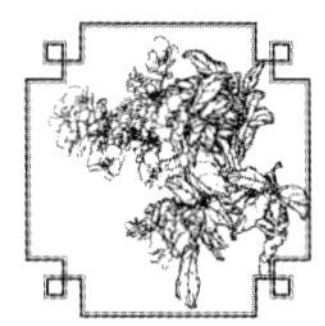

八声甘州　夜过黄河

看奔云走月众星摇，洪流倒长天。莽大风忽起，鱼龙腾踔，滚滚飞湍。一线中分南北，千里起苍烟。独鸟盘空去，高影生寒。

江海遨游未倦，问滔滔秋水，今夕何年？欲倒倾银汉，一为洗尘颜。待澄清、波心数鲤；更分流，荒漠灌椒兰。斯未远，梦东驰万马，蹴浪如山。

一九八三年八月，途中。

定风波 咏凌霄花

百尺楼头倚晚晴，半窗密叶绕青藤。斜卧柔条如酒醉，贪睡，风来摇动蓦然惊。

却向砚池铺浅绿，不去，凝眸听我咏诗声。忽见枝头花似火，似我，心怀炽热爱人生。

一九八三年八月，北戴河。

赠王洛宾老友

曾谱卢沟水[①]，长思“遥远”歌[②]。
年华归误会[③]，君子意如何！
雨沃龙沙绿，风惊鬓发皤。
弦声满天下，众爱报君多[④]。

一九八四年七月

①五十年代与王君同事。我写小歌剧《卢沟桥水哗啦啦流》，王君为谱曲。

②王君从事民族音乐的整理和创作，影响极大。新疆民歌《在那遥远的地方》等，就是他整理的。

③王君蒙冤二十多年，今始得平反。

④王君创作的歌曲，今广泛流传。

浣溪沙（五首其二）

登新建黄鹤楼

如画澄江多好怀，龟蛇又见起楼台。一声玉笛万花开。

有恋白云留不去，多情黄鹤自飞来，何曾崔颢擅诗才？

一九八四年十一月

汉宫春　题芦笛岩钟乳石

芦笛岩钟乳石，千姿百态，导游者云如某如某，颇觉蛇足，戏作。

探胜幽岩，问洞中物象，意态奚如？或谓如狮如象，如鸟如鱼。如云如浪，如飞泉溅玉跳珠。如仙女凌空虚步，飘飘彩袖徐舒。

我谓全都不似，是女娲娇小，白雪肌肤。炼石晶莹五色，才熄烘炉。一时儿戏，初不料，上补清虚。剩些许，怕仍飞去，陶然醉以芳醑。

一九八四年十一月，桂林。

沁园春　登泰山极顶

自中天门乘缆车登玉皇顶，四望苍山万叠，尽伏脚底。

叱咤鞭虬，玉轪高驰，岱顶登临。览万尖脚底，山如蚁垤；一泓天外，海似蹄涔。左拍崖肩，右携松手[①]，帝醉酣歌差可闻。曷归去，向飞星探问，高处寒温。

齐烟九点氤氲，算合向人间著此身。尚波清未澈，长河要浚；花香待遍，大野须耘。拔海三千[②]，盘肠十八，险步登高证古今。划然啸，觉天风吹鬓，落雪缤纷。

一九八四年十二月，泰安。

①洪崖、赤松，神仙名。

②泰山海拔一千五百公尺，这里非实有数。

念奴娇　访东坡赤壁，用东坡韵

平生豪气，合阅尽，世上无边风物。一苇横江开望眼，笑看东坡赤壁。明月长新，青山难老，万古涛如雪。金戈鲈酒，江山代有英杰。

来日更放扁舟，映波千树，报当春花发。巨厦摩天如束峡，高下霓虹明灭。杯许重添，生当再少，还我青青发。铜琶铁板，浩歌惊落星月。

一九八五年六月，鄂州。

访李清照纪念馆

天于季世未全憎，犹放孤鸿忍死鸣。
锦帙飞灰金石录，梧桐细雨楚骚情。
藕花谢尽悲秋老，环佩归来踏月明。
笑倚丛篁听漱玉，家家泉水弄新声。

一九八五年八月，济南。

访辛弃疾纪念馆

乔木长莎绿满庭，大明湖畔谒先生。
叩阍难试平戎策，落笔犹酣金鼓声。
自有龙川堪伯仲，何曾玉局是良朋[①]？
重来今日扬州路，芳草连云啼晓莺。

一九八五年八月，济南。

①世称苏辛，其实二公词风虽近似，思想感情绝不相类。

临江仙　访鸿门宴遗址

龙战玄黄成往迹，空余古堡鸿门[①]。壮哉快剑斫生豚。千钧悬玉玦，一骑没惊尘。

才是重阳新雨后，黄花笑向游人。千年陵谷到而今。秋阳辉大野，霜木绘山村。

一九八五年十月，西安。

①遗址在鸿门堡。

自嘲

岂有闲愁叹鬓华？余年不悔逐天涯。
一铃自语驼行漠，万里寻真牛负车。
刺世枪头原是镴，厌人钩棘本非花。
何须解到濠梁趣，为乞扶摇庄惠家。

一九八五年十月

谒史可法祠

板荡中原叹路穷，一城如铁柱天穹。
乞怜群小生全蚁，取义督师气吐虹。
涧雪压多松偃蹇，崖泉滴久石玲珑①。
梅花岭上梅千树，烈烈寒香起劲风。

一九八六年四月，扬州。

①这一联是史公书写的联语，现陈列在展览室，作大草，龙跳虎卧，书格极高。联语富哲理，我十分爱惜，即嵌入诗中。

瞻仰闻一多先生塑像

像在昆明云南师院（西南联大故址）院内。像前有草坪，杂花绕之。

劲风抖擞尚掀襟，壮语激昂如可闻。
拍案雷霆惊大夜，横眉肝胆薄高云。
深情更欲吟红烛，静夜应来步绿茵。
莫道先生归未得，诗声轻叩万家门。

一九八六年八月，昆明。

八声甘州　深夜抵华盛顿，仰见弦月如眉

算人间，明月最多情，去国尚相随。跨云衢九万，举头却见，含笑如眉。车过杜鹃十里，花影拂行衣。缥缈看楼宇，良夜何其？

欲计寰区几许？才三分禾黍，两烛娥曦。甚千秋蛮触，风雨晦鸣鸡？信悠悠、东西来去；问何时、万族共清辉？窥窗道：“且祝来日，举夜光杯。”

一九八七年五月，华盛顿。

见华人乞者

兀坐残阳理旧琴[①]，伶仃瘦影对空盆。
阳关一曲无人会，渐暗金山如火云。

一九八七年五月，旧金山。

①乞人在拉二胡，于旧金山街头为罕见。

参观珍珠港事件纪念馆

馆在珍珠港水面上，建筑物与当年被击沉的一艘巨舰十字交叉，舰体在水下，烟囱露出水面，触目惊心。馆壁刻有数千名死难官兵的姓名。

国殇历历记英名，巨舰沉波触目惊。
回首故乡千劫在，岂宜唯解拜方兄！

一九八七年五月，檀香山。

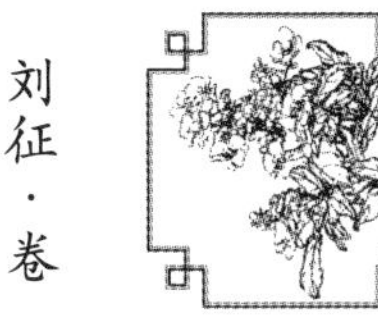

绝句（二首）

中秋之夕，王洛宾老友自新疆来访。王唱西江月古曲，共饮枸杞酒，乐甚。

一

黄花又有数枝开，烹就鲜鱼设酒杯。
待月书窗苦幽独，恰当月上故人来。

二

高歌慷慨遏行云，古调苍凉共赏音。
为送君归踏明月，夜阑酒醉不留君。

一九八七年十月

生查子　晓行记趣

晓月照林荫，明暗交斑驳。我道是月光，伊道是积雪。

俯以手捧之，伊手如雪白。大笑伊何痴，手中了无物。

一九八七年十二月

凄凉犯　感旧

中秋之夕，步月景山。

又逢良夜清如许，策策叶声随步。浅汉流云，疏花弄影，悄风吹绿。玉轮斜度，才转过碧山高处。看潇潇，乱洒清光，疑是松梢雨。

果饼供神兔。梦依稀，儿时情趣。偎娘笑语，湿单衣、满庭风露。鬓雪萧骚，问何用，蛩吟自苦！向玉宇琼楼飞去，禁寒否？

一九八八年十月

夜宿唐山

犹疑风动欲颓山，黠鼠惊猜啮未安。
堕狱残魂悲入梦，不仁天地竟何言！
春埋旧土三千劫，燕筑新巢十二年。
看取多情明月在，重临万户照团圆。

一九八九年三月，唐山。

漫兴

老去生涯付漫游，衔杯处处惹清愁。
伤春几树花飘雨，吹笛谁家月满楼。
忧世难移蒲藿性，著书耻为稻粱谋。
流莺舞燕纷纷在，草短沙寒足白鸥。

一九八九年五月，途中。

感春

花须柳眼竞纷纷，待欲寻春何处春！
风雨鹃声腾谠议，金银夜气属朱门。
重重钩棘荒原足，荡荡青天寸草心。
日月惊鸿向朱夏[①]，落红成阵绿成荫。

一九八九年六月

①山谷有诗曰：“日月如惊鸿，归燕不及社。清明气妍暖，亹亹向朱夏。”

水调歌头　夜起散步

月色澄澈，可鉴毫发。远望烟海苍茫，颇涉遐想。时农历七月十六日。

千里别君去，海上却相逢。遥天云路澄澈，轻辗玉轮风。洒下清光如水，我自浮沉上下，吹息共鱼龙。楼舍都非旧，万象入朦胧。

月谓我，游汗漫，曷相从？人间万事尘土，脱屣逐仙踪。我道食须烟火，更恋灯前儿女，性不耐清空。闻月喟然叹，孤影没云中。

一九八九年八月，长岛。

巫山镇夜雨

彩云一片降人间，不耐琼楼高处寒。
江峡惊涛因小伫，君王荒梦岂相关？
空蒙烟色萦罗带，滴沥檐声想佩环。
应见茫茫来去影，若教明月照巫山[①]。

一九八九年十月，巫山镇。

①放翁《入蜀记》说：听神女峰的祝史说，每八月十五月明时，有丝竹之音往来峰顶，山猿皆唱，达旦方渐止。这个传说很美，诗中及之。

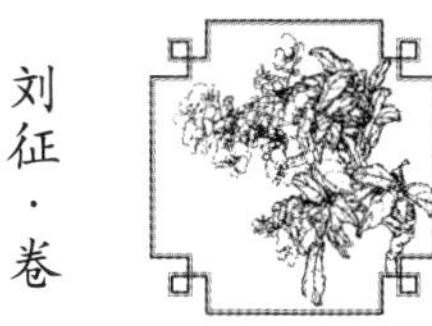

小三峡泛舟

冷袖穿幽峡，长篙过乱滩。
沸波疑坼地，绝壁望无天。
绿滴映山雨，金摇挂树猿。
有诗君莫信，佳处未能传。

一九八九年十月，巫山镇。

八声甘州　登白帝城西台

白帝城西台，传为杜甫吟《登高》诗处。

挟天风，千仞访孤城，清秋上层台。瞰瞿塘峡口，云屯万马，江水西来。烟澹渚青沙白，风急鸟飞回。一霎潇潇雨，落木生哀。

见说登高老眼，当年曾到此，怅望天涯。揾纵横涕泪，三峡倒吟怀。甚文章，千秋仰止；却生前，潦倒没尘埃？凭栏听，砰訇震响，万壑惊雷。

一九八九年十月，奉节。

沁园春　居庸关大雪

车至关前，适值大雪。山峦草树，一片皆白，似置身童话世界，肺腑皆冰玉矣。

伫望雄关，鸦噪黄云，雕盘劲风。恰长林琢玉，寒花灿地；连山披甲，素影腾龙。似嗅微香，恍闻清韵，万袖轻盈舞太空。迷茫处，有苍城一角，高压回峰。

天公定爱诗翁。费裁剪云罗一夜功。借三分春色，试消凋瘁；仍矜淡雅，故吝青红。佳句呼来，珠玑乱落，为谢穷冬报我丰。真化蝶，觉分身千亿，共戏苍穹。

一九八九年十一月，途中。

北海桥头感事（二首）

贺孔才师，国初蒙冤自沉于北海，今始昭雪，感赋。

一

春自生愁雁自飞，烟波渺渺柳依依。
已甘渐老疏哀乐，仍问怀沙果是非。
魂锢鲛宫应再死，泪销金炬早成灰。
郊原已是苏芳草，底事先生独不归？

二

乱云散尽碧霄澄，苦雨终风也解晴。
楚泽春深花烂缦，辽天鹤老泪纵横。
清声自有文章著，高致犹存翰墨馨。
顿忆当年陪杖履，海西同望月华明[①]。

一九九一年四月

①公在京之寓所名“海西草堂”。

庆宫春　写感

抵三亚已薄暮，宿鹿回头半山丛林中。相传有幼鹿为猎人所逐，奔至山崖，已临绝境。猎人方弯弓，鹿忽回头化为美女，与猎人结为眷属。今有塑像。中夜无寐，起步回廊。烟月澹泊，花气氤氲，如醉如梦。传说中人物，仿佛见之。

海国风柔，云窗梦浅，小廊斜界虚白。四面香来，知花何处，乱枝摇影如雪。无声有韵，听低唱远潮清切。众神应醉，飞向高寒，曳光明灭。

但余尘梦悠悠，哀艳雄奇，老来都歇③。今宵却见，披萝乘豹，人在山阿依约。回眸一笑，信至美、足销锋镝。人间但愿，如此清明，一天星月。

一九九一年五月，三亚。

金缕曲　游曲阜

访孔庙、孔府、孔林，怡然若有所会。

夫子知津矣。诧回头、悠悠几度，凤麟牛鬼。已累生前陈蔡厄，身后何曾安息！料泉下欷歔难寐。悔不乘桴浮海去，或不然大笑歌“而已”。问圣者，甚滋味？

十分春色来沂水。恰披衣、澄波浴罢，泠然风起。不见野云自舒卷，底事随人愠喜？看来了六七童子。唱着歌儿拍着手，拉先生共作迷藏戏。柳荫下，芳草地。

一九九一年六月，济南。

移居（七首）

移居方庄之芳草园，居楼之二十层，随感随写，略记一时之兴。

一

闹市结庐熟睡难，欲求心远地须偏。
尘清不涉鸡虫竞，客少稀闻车马喧。
龙剑飞光余老梦，沧浪濯足放归船。
未消英气斜阳外，目送征鸿独倚栏。

二

远海高丘兴未央，巢云老去任清狂。
仰窥伊甸双栖影，俯视尼山数仞墙。
已遣悲歌归嘻笑，还将愤笔化荒唐。
醉听应是银河近，时溅飞星劲打窗。

三

风雨神州楼万家，慚分春色到非花。
临窗大案宜挥笔，入座停云伴饮茶。
奇迹何须马生角，人间但愿鼠无牙。
讵真闲却征夫耳，纸上军声静不哗。

四

十载晨昏流外楼，晦如风雨小如舟。
乌丝百万鸦飞字，白发三千雪满头。
庭柳依依知惜别，园花脉脉解相留。
寒温好供新来客，莫记前缘道姓刘。

五

吟草盈囊带手温，青毡自惜百年尘。
一窗云月知情愫，四壁图书皆故人。
天地暂时留过客，浮屠何事避桑荫？
同来千尺清凉界，听我高歌泣鬼神。

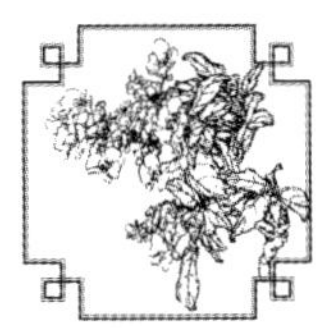

六

何期铅椠耗余年。生路多歧只偶然。
作蛀啮残新旧纸，涂鸦写尽短长笺。
荒山席地棚筛月，茅屋绳床雪漏檐。
拂拭封尘看旧剑，清光犹射斗牛寒。

七

寂寂清宵酽酽茶，箱囊摆定即为家。
妻儿稳睡鼾声静，星月徐移壁影斜。
少梦周天骑彩凤，老栖斗室对寒花。
浩茫心事难安枕，欲舞晨鸡怅鬓华。

清平乐　过乌鞘岭

烟迷万绿，飒飒新秋雨。拔海三千车过处，风动苍崖吼虎。

衣襟陡觉森寒，居然一鹤云端。谁解人间陵谷，飞身来问青天。

一九九二年，途中。

鸣沙山玩月

海上看明月，月碎如鳞片。
山中看明月，崖谷多奇幻。
城市看明月，长街灯火乱。
书室看明月，月为窗所限。
我等鸣沙山，恰当七月半。
沙头看明月，平生所仅见。
东月缓缓升，西霞渐渐暗。
黄沙抹银灰，青天落幽幔。
月上孤伶伶，两间唯我伴。
皎如夜光杯，柔若轻罗扇。
庄拟古佛颜，媚若娇女面。
似近身边坐，无语惟流盼。
似远隔关山，精魄梦中现。

久看如微笑，稍露瓠犀粲。
细听如悲歌，轻轻叩檀板。
我身亦一月，月我忽相感。
我向月奔来，月向我召唤。
我与月相融，渺渺清光眩。

一九九二年，敦煌。

八声甘州　敦煌壁画

曳飘飘长带袅天风，重霄信遨游。怳缤纷雪舞，轻盈霞举，振迅星流。不假行空骥足，亦谢驭龙虬。自在乘虚起，一羽高秋①。

下视茫茫人境，莽尘埃野马，掠影浮沤。诧华胥初梦，遽已小天球。厌生途、樊笼缧绁；羡神飞、八表漫沉浮。问破壁，便当飞去，底事夷犹？

一九九二年，敦煌。

①壁画令人惊叹，其中我最爱的是飞天。透过宗教的薄纱，可以看出古人对自由的大胆向往。

桂枝香　登嘉峪关

西寻梦路，逐河汉飞星[①]，玉鸾初驻。陡起危楼，恰受远人游目。黄沙莽莽粘天地，凛秋寒、大荒垂暮。篆云生幻，驼铃自祷，残阳无语。

堕空阔、众神皆死，并我亦消亡，亦失今古。忽返洪荒，巨浸浪翻风怒。两间初诞娲娘小，闪明眸才解回顾。者翻应是，千莺万蝶，早红新绿。

一九九二年，嘉峪关。

①时正值七夕。

摸鱼儿并序

夜访雁荡情侣峰，情态逼真。次日晨再来看，夜象全失，化为老僧合掌向人。造化小儿弄此狡狯，抵得一部《石头记》。戏为填词。

恰飞来，彩云凉月，幽期切切如许。云衢定是无羁束，抵得夜寒风露。浑无语，料不用山盟，耳畔喁喁诉。百灵偷觑。正寂籁凝风，听来只有，勃勃心头鹿。

千万恨，要算相思最苦。良宵难遇三五。夜阑客馆潇潇雨，怕惹惊鸿飞去。重来处。遽难信，乱烟衰草昨宵路。蓦然惊顾：看只有云端，伛偻合掌，老衲呆如木。

一九九二年，雁荡山。

大龙湫放歌

久闻雁荡有双龙，大者尤足夸奇雄。
挂天直泻三百丈，晴雨飒飒雷隆隆。
千里神驰今咫尺，流沫欲以涤尘胸。
讵知三月骄阳炙，蛟潜鼍走绝汹汹。
平生际遇多枘凿，人之所弃求宜从。
判无大腹贪江海，何悭斗勺娱衰翁？
入山相携二三子，大竹夹道青摩空。
山回路转龙湫见，果见涸壁如烧铜。
忘归亭上坐叹息，唇焦口燥无欢悰。
层巅忽见坠崩雪，移山谁使昆仑东。
悬丝下注疾于电，飞流一线遂连通。
百尺以上受阳日，紫蓝黄绿飘垂虹。
下作千珠万珠落，碧潭零雨敲丁冬。

赋形随势多变态，斜飞漫卷轻摇风。
如帝劝酒天女醉，金樽推倒泻瑶琼。
如轩辕奏钧天乐，弦张天地为焦桐。
同行瞠目皆骇叹，微愿竟已达天聪。
儒冠自嗟误生理，登临未觉吾道穷。
清欢片刻得已足，翩然野鹤脱樊笼。
千寻绝壁垂细水，惜哉巨斧削春葱。
会须惊天作雷吼，吟诗为起丰隆慵。

一九九二年，雁荡山。

艺梅叟

去岁正月，龙潭湖赏梅。听公园主人说艺梅叟故事，回思颇有余味，为写长歌。

艺梅叟，欲言不言嗟叹久。
古雪横眉醉颊红，目光耀电声如钟。
长车载梅走千里，身是秦岭艺梅农。
山崖坠石天风烈，悬肠高与青霄接。
夜眠岩洞枕星河，晓拾枯枝煮冰雪。
百年甘露育灵根，缠风溜雨生龙鳞。
劈天雷火烧不得，木魅来守熊来蹲。
飞索腾身来斫取，丁丁天外吴刚斧。
棕绳系结白茅包，取根须带连根土。
苍根许嫁接梅枝，护暖藏娇生长迟。

冰消草长春惊梦，始是勾萌绽绿时。
三年五年徒长叶，唯见青青影稠叠。
催花几度祷花神，思花夜起占星月。
寒暑迁移岁又添，冰凌百丈压寒山。
枝头初见一花发，老眼矇眬拭泪看。
明珰玉佩云端落，背立黄昏情澹泊。
还将清韵度幽香，翠袖单寒殊未觉。
怕因风损手来扶，老手龟裂血模糊。
娇女如花悲早逝，梅如娇女伴翁孤。
八年九年梅长大，冰姿铁骨元章画①。
盆栽转运赴名都，乐将奇芳供天下。
昨宵旅舍守青灯，雪漫风帘梦乍成。
开门忽讶不是雪，万片梅花下太清。
千家万家芳华遍，花香乱扑如花面。
画师呵冻泼丹青，诗人觅句拈须断。
花飞四面坐花间，如饮仙酿回朱颜。
梦中笑醒仍思梦，吉祥已兆不须占。

朝来运向城东路，市声鸦噪人蜂聚。
岂料盆梅列道旁，熙来攘往无人顾。
对花无语空自嗟，万般红紫属豪家。
千金争买发财树[②]，锦幄唯陈富贵花。
向晚收花花欲泣，夜风吼怒飞沙起。
思即归山怎舍花，长安大是居不易。
感君设酒怜路人，醉中心曲为君陈：
来朝一炬葬花处，持酒酹花我与君。
叟兮叟兮且更酌，赠君一捧开心果。
愿君火下且留花，人间自有知花者[③]。

一九九三年

①王冕，字元章，元代画梅大家。

②发财树，树名。

③这批梅花，后售与龙潭公园。

放言（二首）

一

风雨摇窗坐夜深，非歌非哭自狂吟。
汪洋如海豪门酒，索寞当秋介士心。
墨吏已将权作价，文章端赖性提神。
悠悠三十万年上，底事狙公却变人？

二

清霜万木下西风，龊地寒云雨色浓。
蟹价等金难佐酒，菊花背面不怜翁。
童心未共秋心老，钱眼何如诗眼雄！
谀世只今多粉黛，羞将妄语赚时铜。

一九九三年

乌夜啼

东京寓舍近“战死者之墓”。夜雨潇潇，闻乌鸦啼叫，凄厉刺耳。

樱花乱落雨凄凄，愀听坟场乌夜啼。
九死余辜应速朽，三匝绕树欲何为？
荒村灶冷嚎狼犬，焦土尸横咽鼓鼙。
聒耳声声交百感，岂宜起舞厌晨鸡！

一九九四年，东京。

沁园春并序

一九九四年十月二日，从化天湖铁索桥断坠，落水三百余人，死三十八人。前此即有人提出意见，惜未加理睬。同年十二月来游，断桥仍在，见之痛心。

云惨苍山，涛吼寒溪，铁索桥横。看悬梯斜坼，鱼龙尚泣；连环断裂，猿鸟犹惊。娇女如花，白头扶杖，娃笑偎娘梦乍成。轰然坠，被狂澜灭顶，地坼天崩。

悲哉四十生灵！定夜雨啾啾闻哭声。曾有人警告，危如悬发，无人吭气，当耳边风。欲问苍天，苍天无语，人与黄金孰重轻？！嗟多吏，忙听歌吃请，高照官星。

一九九四年，从化。

沁园春　题圆明园断瓦

一九九四年秋，游圆明园。与孙女霄霄漫步断垣衰草之中，偶拾瓦片，瓦上沾洒之黄琉璃釉酷似美人半面之形。携归镌字，珍逾拱璧，为长调以志。

夕照残墙，墙脚拾来，断瓦草间。想宫娥挥泪，应惊梦雨；震霆飞燥，遽碎霜鸳。一炬烧天，百年焦土，坚地而今灼未寒。休拂拭，留土花斑剥，记取尘烟。

蛾眉欲画应难。怅雨雨风风损玉颜。甚名园秋好，暖风熏醉；繁忧万种，仍上眉尖？梦堕荒云，金销劲骨，记否鲸波曾覆船！瞿然拜，胜千金拱璧，一片河山。

一九九四年

沁园春并序

一九九四年十二月八日，克拉玛依友谊馆大火，三百二十五人死难，其中多是青少年。死难者家属要求给危急之时首先逃命的“公仆”立耻辱碑。

耻辱名碑，我试评量，何辱可言？查命如草芥，贱者百姓；身同金玉，贵者为官。烈火无情，千钧一发，官不先逃谁占先？知趣者，喝学童等死，且让一边[①]。

碑文大笔须韩。更柳骨颜筋神力镌[②]。任年光流逝，长存伟绩；八方来往，共仰青天。烂额焦头，冤魂三百，谅畏官威不敢前。深夜静，问“公仆”滋味，苦辣酸咸？

一九九五年

①当场竟有人喊：“同学们，让领导先走！”

②韩愈以写碑铭著称；诸葛神力，唐勒碑名手，当也能镌字。

题双珍砚并序

我明年七十，今年庆九，阿龄购得一方珍贵的清代端砚为寿。情珍砚珍，命曰“双珍砚”，题诗为谢。

忧患平生未祛痴，晚晴潇洒共栖迟。
眼前白发相依日，心底红颜热吻时。
玉晕青涵春水月，花肤紫透夕阳枝。
感君不作婵娟詈，松麝凝香助咏诗[1]。

一九九五年

① 《离骚》：“女嬃之婵媛兮，申申其詈予”，写女嬃规劝屈原不要耿介违时，要随波逐流。

平生最爱月（十六首选十）

一

平生最爱月，问月爱我不？
“有诗子不俗，有子我不孤。”

二

愁觉老来多，月是儿时好。
中秋拜月罢，催爷分梨枣。

三

故园明月夜，月下坐瓜棚。
明灭旱烟袋，远近蝈蝈声。

四

月曾照母颜，月颜今似母。
隔世相见难，胡为默无语。

五

月上北海桥，双影照春水。
一吻至今甜，避人不避你。

六

曾谪黄泥铺，冷月照红山[①]。
欲吟箝在口，流泉冰下难。

七

我醉月亦醉，我醒月亦醒。
醉时月应哭，沾襟清泪冷。

八

有晴亦有雨，云暂月常明。

圆缺本自然，于此悟人生。

九

所思在霄汉，且莫笑我傻。

月光有奇香，轻轻吻我颊。

十

谁谓月无情？凝眸将我看。

谁谓月如冰？着面轻柔暖。

一九九五年

①我曾住干校，在凤阳大红山下。

嘉陵烟雨歌并序

十一月，偕老伴访重庆，得与老同学画家宋广训重逢。宋居嘉陵江畔之画家村，即比邻而借舍。翌晨烟雨蒙蒙，景物奇绝。返京后，遂有是作。

成都东游乘秋晴，双袖尚染峨眉青。
高速行车八百里，朝发午至渝州城。
画师宋君同学友，执手相看俱白首。
一庵借榻画家村，灯前话旧酣泸酒。
中夜浪浪雨鸣檐，梦中忽若临风泉。
推妇听雨妇贪睡，跳珠溅玉和微鼾。
晓起推门见松竹，小屋如巢隐丛绿。
百步以外横嘉陵，湿风犹带零星雨。
呼友呼妇步江边，茫茫洲渚笼云烟。
近看江波罗纹细，远看几点浮江船。
江上青山但余影，如翼如眉如半饼。
徐徐云动挟山飞，扑地苍龙醉不醒。

四顾天地堕朦胧，万象隐现朦胧中。
如潜海底仰望海，空明万丈游鱼龙。
如蚩尤战钜鹿野，雾中虎豹搏罴熊；
如众仙人游帝所，长髯高髻影重重；
如盘古氏胎鸡子[①]，不知有己盲时空。
友说“对此应有作，绝妙诗材休错过。
君诗夙捷比八叉[②]，速展长笺我磨墨。”
我连摇头连皱眉，如小学生遇难题：
“观景千万无此景，清词丽句等尘泥。”
妇见我窘掩口笑：“让我说你什么好！
君诗虽拙足打油，宋君定以画相报。”
归来复堕红尘间，满眼粉饰失天然。
人生真趣岂易得？笔忽疾走如狂颠。
宋君之画想已竟，画里嘉陵来入梦[③]。

一九九五年，于重庆始写，回京完稿。

①古书里说：“天地浑沌如鸡子，盘古生其中。”“鸡子”，鸡蛋也。今北京俗语中有之，不过“子”要儿化，读如“鸡子儿”。

②唐温庭筠有捷才，作诗八叉手而成。

③今宋君的《嘉陵烟雨图》已寄到。书家章谷宜君复书此歌，合为一幅，装裱而珍藏之。

扬州慢并序

白公馆女牢房中陈列着当年江竹筠等烈士在狱中所绣的一面五星红旗。面对这幅五星的大小和位置都不准确的红旗，低徊留连，百感交集。

狱犬嗥风，铁窗漏月，严宵刺绣从容。未曾亲见，依稀梦里心中，定有扑簌热泪，湿旗角，悲喜交融。纵朝来，喋血刀头，添作新红。

山城旧馆，恰来时、零雨其濛。恍纤手移山，悲歌啸海，花爆穷冬。四十六年风雨，勤拂拭，忍着尘蒙！怅游人笑语，声声但议时铜。

一九九五年，重庆。

题虹彩雨花石并序

去年我七十寿，阿龄以一方名贵端砚为贺。命曰“双珍砚”，有诗。今年阿龄六十九岁，祝七十寿，我以一块雨花石为贺。此石得自秦淮河畔，略呈心形，当石面三之二，呈虹彩条纹，十分绚丽。石之一角有碧桃一朵，洁白如玉。诚稀世之珍。

去年寿我砚双珍，奇石今年我寿君。
追忆难忘鞭后语[1]，相亲未老眼中人。
定知虹起长流彩，更喜花飞不减春。
为谢娲皇解情意，炼余留作玉壶心。

一九九六年

① “文革”期间，我们一同被诬为“黑帮”，阿龄受折磨更厉害。曾被打得皮开肉绽，痛不欲生。深夜无人时，互相鼓励：要活下去！

满江红　君山怀古

史载秦始皇二十八年（公元前二百一十九年），始皇“浮江至湘山大风，几不得渡。上问博士，博士对曰：‘闻之，尧女，舜之妻，而葬此。’于是，始皇大怒，使刑徒三千人，皆伐湘山树，赭其山。”两千二百一十六年过去了，君山依旧竹树葱茏，独夫之淫威安在哉！

剑玺旌旗，拥帝座，摇摇鹢首。包天胆、颠风作梗，蛟腾鼍吼。百丈雷霆忽震怒，三千刑卒挥刀斧。叹湘山，祠庙映新篁，归乌有。

清秋节，新雨后，风袅袅，吹襟袖。看葱茏万绿，漫山遮斗。勃勃生机天共永，赳赳兵马成玩偶。将独夫掌上戏婴儿，君知否？

一九九七年九月

踏莎行　咏斑竹

《博物志》《述异记》载，舜野死，葬于苍梧之九嶷山。娥皇、女英二妃追之不及，以泪挥竹，竹尽斑。二妃葬君山，称湘妃。我来访湘祠，抚斑竹，竹上泪痕，几千年依然斑斑不灭。伟哉爱之力也！

万里惊尘，九嶷迷雾，君山南望伤心处。为君苦竹印啼痕，人间留作无声哭。

海易沧桑，山移陵谷，真情应是无穷数。枝枝叶叶向潇湘，年年岁岁斑斑绿。

一九九七年九月

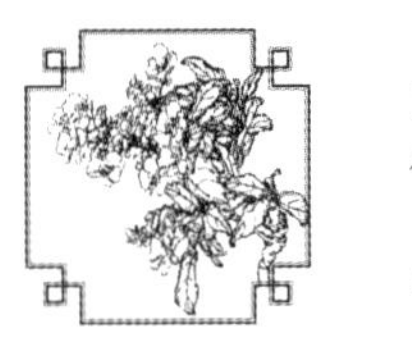

沁园春　长白山天池

白桦青天，秋露寒莎，我来访君。望万年灰冷，连峰负雪；半围日照，断壁融金。欲笑还颦，乍兴犹梦，玉骨冰肌意态真。开妆镜，映一天澄绿，不染纤尘。

常时隐雾藏云[1]，甚老丑咸疏子却亲？憎趋炎眉眼，避闻谄笑，吹虹鼻息，羞对骄矜。万里吟筇，一襟风雨，难得初逢似故人。默俯首，礼大荒神女，邃古诗魂。

一九九八年九月。

①天池常云雾密布，闻有高官至此，连日阴霾，怅怅而去。我此行遇到难得的好天气。

金缕曲并序

明亡后，李香君在栖霞山葆真庵出家，事见孔尚任《桃花扇》。作者在《桃花扇凡例》里说：“朝政得失，文人聚散，皆确考时地，绝无假借。至于儿女钟情，宾客解嘲，虽稍有点染，亦非子虚乌有。”在写香君出家一折下注“乙酉七月”（顺治二年，公元一六四五年），有地有时，言之凿凿。

但《桃花扇》毕竟是文学作品，关于李香君身世最可靠的史料首推侯方域的《李姬传》，惜过于简略，且未谈及香君的晚岁生活。《板桥杂记》记香君事，全袭侯文，只是多了夏灵胥的《青相篇》里关于香君的诗句，有道：“风弦不动新歌扇，露井全飘旧舞衣。花草朱门空后阁，琵琶青冢泣明妃。”足证香君不曾再涉繁华，是在冷落与苦闷中度过晚年的。

《李姬传》称香君“侠而慧”，赋性软弱的侯公子当有切身体会，香君曾帮助他摆脱阮大铖的圈套。明亡后，侯方域丧失气节，应河南乡试，中副榜。香君对此必定不会泰然接受，出家也许与此有些关系吧！欧阳予倩话剧《桃花扇》，写香君为侯方域的变节感到莫大的羞耻，说是倾尽长江的水也难以洗净，应是香君性格的自然发展，不是外加的政治尾巴。

我无意于考证李香君的身世。我喜爱李香君这个艺术形象，喜爱她的慧心侠骨。写词，这就够了。东坡知赤鼻矶不是孙曹鏖兵的赤壁，有《东坡志林》、放翁《入蜀记》可证，还不妨巧用“人道是”的障眼法写“大江东去”，况香君在栖霞的行止大半可信呢。

一九九九年十月下旬，应隆相法师之邀，访南京栖霞古寺，盘桓数日。寺之侧畔有新建的“桃花扇亭”，遂去寻访。这一天，下着凄凄的秋雨，老伴儿陪同我循着一条纡曲的山径走上去，路旁茂密的草树尚未着霜，湿漉漉，绿阴阴的。叶尖淌下的雨滴也染绿了，像是绿色的珍珠。时有白色小蝶双双飞过，大约是雨气潮湿了翅膀，飞得纡回柔缓，情致翩然，像是自愿充当我们的导游。山回路转，见一座空亭倚在苍崖之下，包裹着漫天漫地的绿色，缠绕着千条万线的雨丝。旁边是一条深涧，潺潺的涧水和一两声鸟语越发衬出山中的寂静。亭子周遭上下，种的都是桃树，想春天桃花开时，亭子会埋在万重锦绣之中了。我登上亭

子，茫想古今，神飞心醉，捕捉一时的感受，写《金缕曲》。

花月惊鼙鼓。咽秦淮、玉箫尘委，罗衣血污。如梦佳期成惨别，忍对觅侯夫婿。向幽壑漫寻麋鹿。痴想游仙尘海外，任天风吹断愁千缕。吹不断，三更雨。

人间俯仰成今古。引游踪、双双小蝶，径莎披绿。叶落空亭风自扫，环护桃花万树。想春日、漫山红雾。明月笙歌花作幛，铺落英三寸隔尘土。舒翠袖，看君舞。

一九九九年十月，于栖霞寺。

驼铃篇

宝鸡汪霞先生赠我一幅汉砖画像拓片，托江婴君带来，又托成纲君转至我手。拓片上只有一头骆驼和一个牵驼的人，无文字说明，想是两千余年前故物，前见许多石刻画像，无此一种，为丝绸路上所独有。汪霞先生以其珍奇而赐赠也，灯下展玩，忽发茫想，漫笔为诗。

叮咚闻驼铃，苍茫自先古。
如柝咽深宵，如跫叩空谷。
一驼步跚跚，一人行踽踽。
一驼共一人，形影何茕独！
问驼何所之，铃语驼不语；
问人去何处？摇头不知处。
唯知向前方，前方有乐土。
那边花不谢，长在枝头住；

那边鸟不惊，唱歌胜丝竹；
那边多金银，楼阁黄金铸；
那边出百宝，广陌铺美玉；
那边无残杀，囚笼锁豺虎；
那边无欺凌，四远皆亲故；
那边有真情，情人成眷属；
那边有好诗，随口追李杜。
何不裹糇粮？途远宜轻负；
何不暂停歇？停歇恐延误。
前路尚多长，但行不计数，
行行重行行，行行不息足。
悠悠千载下，熠熠书舍烛，
渺渺闻驼铃，茫茫人生路。

一九九九年十二月

逐日图歌并序

美洲印第安人的祖先是来自亚洲大陆的黄种人。《山海经》里“夸父逐日”的故事，并非纯属神话，山海经文字及山海图都可以清楚地探寻出这一史迹的信息。中华先民东渡美洲的史迹虽仍有许多空白尚待研究，但基本轮廓已经浮现。著名画家侯一民老友，以拓印新法熔中西画艺于一炉，据此创造了巨幅《逐日图》。绝大笔力，绝大胆识，真足以惊天地而泣鬼神。观后深受感动，为作《逐日图歌》。

万八千岁开鸿蒙，泣为江河息为风。
天高地旷盘古死，玄黄龙战谁为雄？
炎夷弃甲曳兵走，展转万里西复东。
伟哉夸父为之首，越峡远逐日瞳瞳。
大洋彼岸繁生息，印第安人传其宗。
夸父逐日岂神话，《山海》图录留遗踪。

征之实物若合契，中外考古渐认同。
侯君泼墨构奇想，檐花夜雪春又冬。
深宵捧砚来山鬼，墨海作浪腾螭龙。
解衣盘礴忽大笑，丹青伟力移时空。
中厅列幛十七米，雪山冰海青蒙蒙。
极光如带连亚美，白泠陆桥相联通。
夸族东徙艰行进，茫茫古雪添人踪。
随身什物何丛杂，麋驮犬曳奔匆匆。
健儿辟路迎朝日，一一影像雕青铜。
兽皮遮体草裹足，头饰三羽摇蒙茸。
同俦负载步迟重，蹒跚老母携儿童。
严寒彻骨困娇女，偶露半面如芙蓉。
白须一丈夸父老，烂烂岩电明双瞳。
渺茫远史得再现，追寻古梦摹形容。
尔后三千五百载，美海始拂欧帆风。
先民伟烈惜泯灭，坐使后者夸奇功。
殖民肆虐猛于虎，劫掠百宝成丰隆。

钩爪锯牙肆杀戮，孑遗寥寥悲途穷。
侯君作画如著史，拾遗聊补太史公。
我读此画三叹息，弱肉强食今古同。
呜呼！万古崇山裂海峡，胡为人道一而终？
我愿万族相亲如手足，乔木寸草同春荣，
消除战场树芳草，人间遍筑康乐宫。
京门大雪迎新岁，天地皓皓旋飞琼。
缪斯不约而来访，暖茶凝碧花朦胧。
漫作长歌题《逐日》，诗心跃跃不知翁。
我诗字字行行飞腾逐日去，
化作白雪片片尽染朝霞红。

二零零零年一月

绿阴曲

题八中校园照片。四十多年前，我同阿龄初识于此，此曲是我自制的。

那一条小路，当年足迹，往来多少缠绵。一角红楼，清宵细雨，难忘梦里灯前。莫道花随流水去，向心头留影堪怜。一帧小照，追怀默对茶烟。

记那天日晚，望中芳草，夕阳淡染春衫。蝶趁轻车，巾沾热汗，归来一笑嫣然。清水黄尘一弹指，任东风笑我华颠。蓦然间，旧时庭院，阴阴万绿摇天。

二零零零年五月

韩祠断碑行

潮州韩文公祠里陈列着几块断碑的碎片，原是苏轼撰的《潮州韩文公庙碑》。苏书的碑早已失存，这碑是后人重写的，仍然受到州人的珍爱，置于苏亭。“文革”中被砸毁。我来谒韩祠，对之惨然，发为长歌。

韩江湛湛韩山春，万里来拜韩祠门。
琳琅碑版嵌廊壁，一碑断裂讶犹存。
玻璃罩护高台供，非金非玉伊何珍！
细看楷则颇端谨，断行缺字不成文。
一叟相迎为我语，欲泣眼枯无泪痕：
苏撰韩碑二美俱，巍巍岱华双峰尊。
遗爱千载长护惜，山亭时覆垂天云。
那年阴霾暗塞城，兰摧桂折旋风蓬。
高帽鸣锣长街走，满墙大字如刀丛。

狂人汹汹破门入，口宣语录臂章红。
斧斫锤砸碑立碎，狼牙虎爪无完形。
夜深人寂独来吊，空亭月冷鸣哀蛩。
一碑扑地乌足道，横流九域吾道穷。
儒冠博带遭横扫，图画凌烟受炮轰。
焚书无算逾秦火，横扫千古悲虚空。
九死不图有今日，峨冠岌岌塑韩公。
荔丹蕉绿足佳色，红牙铁板歌春风。
我闻翁言忽哽咽，悲耶喜耶两纠结。
老来荒梦渐如烟，不堪重温心胆裂。
碑兮碑兮奈若何，愿示来人以残缺。
呼天欲语听无声，断处涔涔尚流血。

二零零一年三月

【附记】蒙潮州市韩愈纪念馆馆长曾楚楠先生函告：苏轼手书的韩庙碑于宋崇宁二年被毁，后人所写韩庙碑不只一块。元至正年间潮州路总管王翰主持重刻一碑，“文革”中被毁。今陈列在庙内玻璃罩中的即此碑之碎片。

云锦杜鹃歌

燕山风雪度岁寒，红泥盆中看杜鹃。
江南山行偶相遇，杜鹃成丛不成树。
春风吹我上天台，拨云披雾看花来，
攀缘四万八千丈，忽讶天地着花埋，
杜鹃树高多逾丈，著花纷繁如锦幛。
一树老干矫如龙，树龄已在千年上。
悬肠百转陟苍崖，飞升信步入烟霞。
云动千枝摇暗影，风吹两袖乱飞花。
应是天帝大笑雷电烈，惊动天上花园无量数蝴蝶，
如海如潮下大千，轻红粉白枝头歇。
应是嫦娥寂寞习丹青，戏将彩笔乱染九天浩瀚之繁星，
以指弹天星震动，纷纷坠落随天风。
应是诗神漫游曾到此，狂歌如瀑直下三千尺，

一枝一萼一句诗，题诗不用人间字。
应是维摩天女散花如雨坠纷纷，
散如徐回之舞袖、聚如凝定之停云。
众生看花皆得大自在，除一切苦无烦心。
我如吃了长生药，风前白发纷纷落。
忘天忘地忘古今，忘乐忘忧忘自我。
我身非我竟为谁？化为万亿花片翩翩飞，
花中有我花不觉，我中有花我不知。
昔日刘郎天台逢仙女，今日刘郎天台赏花亦奇遇。
但愿花开无谢时，人间遍是天台路。

二零零一年五月，于天台。

欧游杂咏（六首其一）

题斗兽场铺路石

得自克洛赛[①]，一块铺路石。
其色黑如漆，其质坚如铁。
风雨两千年，廉隅尚无缺。
终古默无言，心事千百结。
曾拖无数尸，肢折头颅裂。
奴尸叠畜尸，人血混兽血。
曾响步履声，威武杂轻捷。
锦衣饰百宝，剑珮相磨戛。
大笑眼出泪，狂吻忘形迹。
都说真过瘾，今日乐无极。
古事虽成尘，古魂未澌灭，
嗜杀不解受，异相实同质。

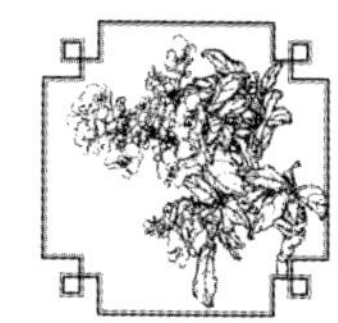

夜深鬼嘘唏，众神醉如泥，
天上无星月，地上无犬鸡。
我起叩石问，潸然泪双垂。
石唇忽颤抖，石头忽大悲，
痛哭如狼嗥，欲语声已嘶。
断续闻数字，惊心如震雷：
“人啊别这样，这样何人为？”

二零零一年七月

①克洛塞（Colossco），古罗马竞技场，或称角斗场、斗牛场。建于二千年前，约相当于中国的东汉。

红土地放歌（十五首选一）

二零零一年十二月下旬，参加红土地采风团赴赣南采风，历经十一个县。虽跑马观花，毕竟闻到花香。每触诗情，欲罢不能，一路写来，得绝句多首。把这些诗依次看，就是一篇采风的报道，谁说诗词不便于表现现代生活呢？

题梅关古驿路

不容走马不容车，一线盘山曲似蛇。
莫怨崎岖难著足，东坡由此谪天涯。

【附记】东坡谪海南过此，他的《过大庾岭》诗中有句道："浩然天地间，唯我独也正。"足见此公的孤傲和磊落。

红豆曲并序

二零零一年访无锡，因得赏无锡红豆树。树传为梁昭明太子萧统手植，已一千多年。原为两树，后两干合抱，并为一树，上枝仍分为二。近处旧有文选楼，已圮无遗迹。时值岁寒，木叶尽脱，根柯盘结如虬龙。廊上悬有红豆树图片及前贤诗文，益我见闻。听我者讲昭明太子浪漫传说，哀艳动人，遂有写《红豆曲》之萌动，孕育多日，终于呼之欲出。二零零二年春节多暇，命笔成章。传说为我起兴，赋事任臆所之，真实不虚者只一情字。

南国红豆生处处，最数无锡红豆树。
道是萧郎手自栽，红泪千年咽风雨。
萧郎帝子人中龙，金蝉翠緌当华风。
济贫苏困不自足，文选楼头夜烛红①。
恰是清明新雨后，信马青郊问花柳②，
暂辞倦眼万飞鸦，难得清心一壶酒。
当垆女儿傍前溪，杏红衫子绿杨枝，

相逢却似曾相识，未曾相识已相思。
素手捧怀奉公子，明眸含笑凝春水，
不须丝竹伴清歌，天下流莺欲羞死。
碧桃花下誓终生，阿侬小语许花听：
“因爱红豆名红豆，不慕繁华只重情。”
归来杜门耽笔砚，寝馈沉酣书万卷，
碧玉未及破瓜时，待嫁移年应未晚。
文选终成第一书，牙签锦轴聚琼琚③。
凤笙龙管迎红豆，春风十里紫云车④。
白头阿母吞声泣：“讵料一病终不起！
欲寻红豆向何方？前溪一片埋愁地。
朝占鹊噪暮灯昏，枫叶桃花秋复春，
伶仃寸草寒家女，卑微无路叩金门。
嘘气如丝泪成血，枕上声声犹唤君，
叮嘱一物遗公子，锦帕包裹是儿心。”
帕上鸳鸯女亲绣，鸳鸯帕裹双红豆，
如闻红豆唤萧郎，红豆与郎永相守。

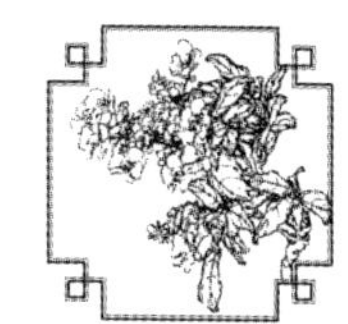

悔因功业负佳人，恨我来迟卿已走。
从今见豆如见卿，豆似明珠捧在手。
一双红豆种楼前，春怜风雨夜怜寒，
泪挽柔枝唯脉脉，月移树影望珊珊。
香丝未尽春蚕死，红豆树长年复年，
双树合抱成一树，双枝交叶绿含烟。
黄鸟来歌白蝶舞，芝兰相伴幽篁护，
彤管轻吹玫瑰风，情天漫洒金盘露[⑤]。
梦里繁星坠地来，枝头红豆结无数，
祝福天下有情人，欲启朱唇作低语。
岁寒来访雪压枝，回廊图展令心怡。
豆似丹霞花似雪，前修诗笔罗珠玑。
树前闲话得小憩，秀眉老父道传奇，
和泪翻成红豆曲，聊补摩诘相思诗。
相争扰扰多仇怨，采撷休忘摩诘劝，
安得播爱遍人间，婆娑红豆植伊甸。

二零零二年三月

①梁昭明太子萧统，不仅致力于文治，而且关心民瘼，“每霖雨积雪，遣腹心左右，周行闾巷，视贫困家有流离道路，密加赈赐”，“多作襦袴，冬月以施贫冻”。他享年仅三十一岁。金蝉、翠绥缨是梁朝太子服饰。见《梁书·萧统传》。

②花柳，指春天的自然景色，杜诗：“步屧随春风，村村自花柳。”

③《昭明文选》，是我国成书最早（约一千五百年前）、影响最大的综合性文学作品选集，为尔后许多朝代士子的基本读物。

④唐杜牧《张好好诗》中有“聘之碧瑶冠，载以紫云车”的诗句。

⑤彤管，一种涂着红色漆的乐器。《诗经·静女》里写为恋爱的赠物。金盘露，汉宫以金盘承接天上的露水，认为是仙露。

井冈山沉思（三首）

山泉

奔湍掩映竹青青，玉质冰姿琴瑟声。
安得滔滔通大邑，出山长似在山清。

红军小道

铁肩担米念元戎，苦战军民一体同。
底事金刚来护法，琼楼还著白云封。

竹海

道是无私是欺世，草间斥鷃笑云鹏。
井冈万岭参天竹，尽是先躯血育成。

二零零二年六月

金缕曲（二首其一）

赞白衣战士

娇小当花季。恰盈盈，华年似锦，柔肠似水。呵护尚依阿母爱，几许眉梢稚气。切莫认蔷薇无力[①]。救死当头无返顾，似冲风海燕凌霄起。战疫疠，生死以。

死神直面才纳米。忘安危、辛勤日夜，精心护理。忆似药箱肩上挎，出没硝烟战垒。喜一脉火薪传递。欲问民魂何处在？看峥嵘小草擎天地。道珍重，挥老泪。

二零零三年五月

①秦观诗：“无力蔷薇卧晓枝。”

金缕曲　得老藤杖

绝壁悬千丈。任纠缠、风狂雨暴，雷霆激荡。一线青青长不死，牵与飞猿来往。便铸就癯仙骨相。乘雾腾蛇忽掉尾，听崩崖裂石轰隆响。挂飞镜，明月上。

踏天截作先生杖。丑其形，众人皆弃，欣然独赏。老去更殷夸父愿，艰步谁扶踉跄？赖从此随身依傍。陟险颇堪鞭狐鼠，拓荒芜兼可披榛莽。路修远，默惆怅。

二零零四年四月，绍兴。

题照

与孔乙己塑像合影，像在绍兴咸亨酒店门前。

同是书生倍觉亲，休言荣瘁判然分。
天公生我百年上，同是咸亨数豆人。

二零零四年四月，绍兴。

洒泪送臧老（二首）

一

重洋传耗梦耶真？北望悲凝岱岳云。
老马长嘶千里梦，山河烙印百年心。
高情不泯歌吟在，谢世应难返顾频。
诲我犹闻三致意：休忘大地哺诗人。

二

忘年不憾论交迟，雨润无声我自知。
三友合刊新古调①，一花②首荐寓言诗。
难忘花径扶行日，长记书斋畅叙时③。
盈箧来书重检视，墨痕剧被泪痕滋。

二零零四年三月十日，奥克兰。

①八十年代，臧老、程光锐和我曾出版一本旧体诗合集《友声集》。

②一九六三年，臧老在《诗刊》上著文，首次推荐我的寓言诗，许为一朵新花。

③指景山公园牡丹诗会。